Qq

Maria Puchol

15

Abdo
EL ABECEDARIO
Kids

abdopublishing.com

Published by Abdo Kids, a division of ABDO, PO Box 398166, Minneapolis, Minnesota 55439.
Copyright © 2018 by Abdo Consulting Group, Inc. International copyrights reserved in all countries.
No part of this book may be reproduced in any form without written permission from the publisher.

Printed in the United States of America, North Mankato, Minnesota.

102017

012018

 THIS BOOK CONTAINS
RECYCLED MATERIALS

Photo Credits: iStock, Shutterstock

Production Contributors: Teddy Borth, Jennie Forsberg, Grace Hansen

Design Contributors: Christina Doffing, Candice Keimig, Dorothy Toth

Publisher's Cataloging in Publication Data

Names: Puchol, Maria, author.

Title: Qq / by Maria Puchol.

Description: Minneapolis, Minnesota : Abdo Kids, 2018. | Series: El abecedario |
        Includes online resource and index.

Identifiers: LCCN 2017941870 | ISBN 9781532103179 (lib.bdg.) | ISBN 9781532103773 (ebook)

Subjects: LCSH: Alphabet--Juvenile literature. | Spanish language materials--Juvenile literature. |
        Language arts--Juvenile literature.

Classification: DDC 461.1--dc23

LC record available at https://lccn.loc.gov/2017941870

Contenido

La Qq

Raquel tiene el **quiosco** de churros desde hace **q**uince años.

La Qq

El tío de **Q**ui**q**ue se llama Enri**q**ue.

La Qq

El **q**uechua es un idioma **q**ue empezó en Perú.

La Qq

La mante**q**uilla y el **q**ueso se sacan de la leche.

La Qq

Quino se ha leído el libro de el *Quijote* en una quincena.

La Qq

Leonardo y su hermana están en el mismo e**q**uipo de es**q**uí.

La Qq

El **q**uetzal vive en los bos**q**ues.

La Qq

Marina ayuda a **q**uitar

pa**q**uetes.

La Qq

¿**Q**uiénes cabalgan en los caballos?

(los va**q**ueros)

Más palabras con Qq

máquina de coser

orquesta

quesadilla

querer

Glosario

quincena
quince días.

quiosco
lugar donde se venden cosas, por
ejemplo revistas o comida.

Índice

abdokids.com

¡Usa este código para entrar en abdokids.com y tener acceso a juegos, arte, videos y mucho más!

Código Abdo Kids:
EAK2998